Annecy
lieben lernen

*Der perfekte Reiseführer für einen unvergessli-
chen Aufenthalt in Annecy inkl. Insider-Tipps
und Packliste*

Tatjana Buchner

✈ INHALT

Das erwartet Sie in diesem Buch

Was fällt Ihnen als Erstes ein, wenn man Sie nach einer bekannten französischen Stadt fragt? Sehr wahrscheinlich lautet die Antwort: „Paris natürlich! Die Stadt der Liebe". Vielleicht würden Sie noch andere Städte wie Marseille, Straßburg oder Lyon nennen, aber haben Sie schon einmal etwas von Annecy, dem Venedig der Alpen, gehört? Mit diesem Buch wollen wir eine französische Stadt vorstellen, die es mehr als verdient hat, im Jahr 2012 zur Alpenstadt des Jahres gekürt worden zu sein. Doch wir möchten nicht nur die mittelalterlichen Gassen oder die prächtige Natur Annecys darstellen, sondern auch auf die Magie dieser Stadt eingehen, die darin besteht, dass wir uns durch die Flucht aus dem Alltag hinein in eine Idylle im Südosten Frankreichs begeben, in der wir uns gänzlich fallen lassen können. Denn Annecy hat neben dem Ski- und Wassersport, den Wanderwegen rund um den *Lac d´Annecy* und der pittoresken und malerischen Altstadt noch sehr viel mehr zu bieten. Das Besondere an einer Reise nach Annecy?

Neben zahlreichen, über das Jahr verteilten Ereignissen und Veranstaltungen, wie zum Beispiel dem *Carnaval venitien*, kommen auch Durchreisende ganz auf ihre Kosten. Perfekt gelegen zwischen den Städten Genf, Lyon und Grenoble ist Annecy der ideale Zwischenstopp, um der Hektik der Großstadt zu entfliehen und Energie für die Weiterreise zu tanken. Im Laufe der Lektüre dieses Buches werden Sie merken, dass Annecy ein Paradies für jedermann ist. So profitieren Jung und Alt von dem Zauber der im Jahre 1107 erstmals urkundlich erwähnten Stadt Annecy, die uns durch ihren Charme fast schon bestechlich in ihren Bann zieht. Lassen Sie sich entführen in eine Welt, die so unscheinbar und doch so präsent ein Pendant zu unserem hektischen Alltag darstellt.

Annecy, das Venedig der Alpen

DIE VERSPIELTEN GÄSSCHEN DER SÜDOSTFRANZÖSISCHEN STADT

Direkt vorab: Es passiert nicht selten, dass man sich mitten in der Altstadt, aufgrund der zahlreichen kleinen und durchaus malerischen Gassen, verirrt. Doch genau dieses ungeplante Abkommen von der ursprünglichen Route kann Ihnen die schönsten Ecken Annecys näherbringen. Doch fangen wir ganz von vorne an. Das wohl bekannteste Wahrzeichen Annecys ist der *Palais de l'Île*, welcher nicht zu übersehen mitten in der Mündung des nur 27 Kilometer langen Flusses *Thiou* zu den beliebtesten Fotomotiven der Stadt zählt. Einst ein Gefängnis, wurde der *Palais de l'Île* zwischen 2016 und 2017 restauriert und beherbergt mittlerweile ein Museum, welches Kultur- und Geschichtsbegeisterte in seinen Bann zieht. Während Sie durch die Gassen der Altstadt Annecys schlendern, werden Sie merken, dass alle Häuser in verschiedenen, meist pastelligen, Farben bemalt worden sind. Vor allem abends, bei der untergehenden Sonne, kommen die prächtigen Farben ganz besonders zur Geltung, indem sie auf der ruhigen Wasseroberfläche des *Thiou* reflektiert werden. Die *Rue Sainte-Claire*, welche im 18. und 19. Jahrhundert mit ihren Gebäuden nahezu gänzlich zerstört worden ist, hat heute einen ganz besonderen Charme. Während Sie durch diese Gasse schlendern, fühlen Sie sich wie in eine andere Zeit versetzt. Die kleinen Boutiquen und Handwerkslädchen, an denen Sie vorbeikommen, präsentieren einladend in Schaufenstern ihre handgemachte Ware, die fernab von jeder Massenproduktion liebevoll hergestellt worden ist.

Ein weiteres Muss während Ihres Spaziergangs durch die historische Altstadt Annecys ist die sogenannte *Porte Perrière*, die bereits seit dem

Mittelalter besteht und die Stadt damals vor Angriffen von außen schützen sollte. Bei der *Porte Perrière* handelt es sich um ein massives Eingangstor, welches von allen Besucherinnen und Besuchern passiert werden musste, um in die Altstadt herein- und wieder herauszukommen. Dabei musste stets eine gewisse Steuer gezahlt werden, um überhaupt die Wärter passieren zu können.

Man schätzt, dass das Tor in Form eines Bogens im Jahre 1337 erbaut wurde, allerdings ist auch eine frühere Entstehung nicht ganz ausgeschlossen. Die *Porte Perrière* ist eine der wenigen Konstruktionen des Mittelalters, welche den Zerstörungen des 20. Jahrhunderts standgehalten hat. Bei einem ausgiebigen Spaziergang durch die Altstadt von Annecy werden Sie mit Sicherheit die *Porte Perrière* bewusst oder unbewusst passieren. Es lohnt sich allerdings, ganz bewusst auf dieses Erbe der Vergangenheit zu achten; Sie werden beim Durchqueren des Tores vielleicht ein gewisses Engegefühl verspüren, was ganz einfach daran liegt, dass das Tor nur sehr schmal und insbesondere sehr niedrig gebaut worden ist. Sie werden aber ein Gespür dafür bekommen, wie massiv und stabil die Gebäude vor vielen hunderten von Jahren gebaut worden sind, sodass sie sogar zum Teil diverse Kriege überstanden haben.

Welche Sehenswürdigkeit von Ihnen ebenfalls nicht unbeachtet bleiben wird, ist das *Château d'Annecy*. Wie der Name es vielleicht bereits vermuten lässt, handelt es sich hierbei um das Schloss beziehungsweise die Burg von Annecy. Sie befindet sich auf einem Felsenvorsprung, auf 470 Meter Höhe und kann direkt von der Altstadt aus erreicht werden. Wie alle anderen Burgen und Schlösser erfreut sich auch die Burg von Annecy großer Beliebtheit, indem sie zahlreiche Wechselausstellungen und Museen in der ehemaligen Residenz der Grafen von Genf und der Herzöge von Genevois-Nemours beherbergt. Im Jahre 1959 wurde das *Château d'Annecy* in die Liste der historischen Monumente aufgenommen, zuvor diente es bis 1947, nachdem es jahrhundertelang als Wohnresidenz genutzt wurde, als Militärkaserne. In den Museen der Burg befinden sich heutzutage Sammlungen über das regionale Erbe, die Archäologie des Sees, über Landschaftsmalerei oder auch zeitgenössische Kunst. Es ist also ein wahres Paradies für Geschichts- und Kunstliebhaber! Die

Museen sind für einen Preis von 5,50 €/pro Person ganzjährig an sieben Tagen die Woche geöffnet und können gemütlich in einen Tagesausflug in die Altstadt eingeplant werden. Allein schon die Aussicht auf die Altstadt von Annecy, den dahinterliegenden See und die Berge lohnt den Aufstieg auf den Felsvorsprung.

Während Sie weiter durch die malerische Altstadt Annecys schlendern, kommen Sie unweigerlich an zahlreichen Fromageries vorbei, die Ihnen die beste und hochwertigste Auswahl an savoyischen Käsesorten bieten. Eine der wohl bekanntesten Käsesorten im Südosten Frankreichs ist der *Tomme de Savoie*, welcher einem schon bei seinem bloßen Anblick das Wasser im Mund zusammenlaufen lässt. Traditionell aus Kuhmilch hergestellt, ist der *Tomme de Savoie* ein französischer Käse mit einer geschützten Bezeichnung im europäischen Register. Mit seinem milden und leicht-nussigen Geschmack ist der *Tomme de Savoie*, welcher übrigens stets einen einbis dreimonatigen Reifeprozess durchläuft, ein absoluter Gaumenschmaus und sollte auf jeden Fall zum Probieren für die Familie mit nach Deutschland genommen werden!

Ein weiteres Muss für jeden Käseliebhaber ist der *Reblochon de Savoie*, welcher anders als der *Tomme de Savoie* zwar von außen wie ein Hartkäse wirkt, von innen aber zart und weich ist. Mit seinem zart-milden Geschmack und seiner cremigen Konsistenz passt der *Reblochon* wirklich zu jedem Gericht und kann auch ganz einfach zu einem Wein genossen werden. Doch auch unser letzter Käse, den wir Ihnen absolut nicht vorenthalten wollen, ist der *Beaufort*. Bei dieser Käsesorte handelt es sich um einen Hartkäse und dieser hat einen sehr nussig-würzigen Geschmack, weswegen er sich von den beiden anderen vorgestellten Käsesorten stark unterscheidet. Der *Beaufort* wird nur in kleinen speziellen Käsereien produziert und reift dort zwischen fünf und zwölf Monaten. Dieser Käse eignet sich optimal als Begleitung zu einem leckeren Riesling oder Chardonnay, wo sein einzigartiger Geschmack ganz besonders zum Vorschein kommt.

Als Käseliebhaber sollten Sie unbedingt die Fromagerie *Pierre Gay* aufsuchen, die sich etwas weiter weg von der Altstadt in der *Rue Carnot* befindet. Schon beim Betreten des kleinen Lokals empfangen Sie die diversen würzigen, cremigen und nussigen

Gerüche der leckersten Käse Frankreichs. Begrüßt werden Sie von einem der kompetenten Verkäufer oder dem Meister höchstpersönlich, welcher Sie fachkundig berät. Für jeden Geschmack ist etwas dabei! Dennoch lohnt es sich insbesondere, einen Blick auf die typischen savoyischen Käsesorten zu werfen, die selbstverständlich auch vom Chef selbst empfohlen werden. Preislich müssen Sie etwas tiefer in die Tasche greifen, dafür erwartet Sie aber auch ein ganz spezielles Geschmackserlebnis. Sollten Sie auch Käse für Ihre Liebsten zuhause in Deutschland kaufen wollen, so können Sie darum bitten, den Käse luftdicht verpacken zu lassen. Auf französisch heißt es übrigens „sous-vide"; scheuen Sie sich also nicht davor, nachzufragen. Die Fromagerie von Pierre Gay gehört allemal zu den besten ihrer Art in Annecy, nicht selten bilden sich Schlangen vor der Eingangstür seiner kleinen Lokalität. Sie können sich sicher sein, dass Sie ein einzigartiges Kauferlebnis haben werden und beeindruckt sein werden von der Leidenschaft, mit der die Verkäufer sich ihrem Metier widmen.

Nachdem Sie sich als Käseliebhaber mit den bekanntesten Käsesorten der Savoie eingedeckt haben, kann es schon mal passieren, dass Sie der Hunger auf einen Snack für zwischendurch überkommt. Auch hierfür haben wir einen Geheimtipp für Sie: Das kleine Restaurant *La Bicyclette Rose* an der *Rue Sommeiller*, welches mitten im Zentrum unweit des Sees liegt und ganz bequem auch mit dem Bus erreicht werden kann, welche übrigens den gleichen Namen wie die Straße trägt. Der Name des kleinen Lokals ist Programm: Vor dem Lokal steht direkt an der Eingangstür ein rosanes Fahrrad, oder auch ein *bicyclette* auf Französisch.

Für die einen könnte das Interieur des Restaurants kitschig wirken, für uns ist es ein netter Ort, um sich eine kleine Auszeit zu nehmen und einen leckeren Pancake mit Honig zu genießen. Auch zum Brunchen ist das Lokal sehr beliebt, teilweise bilden sich schon morgens lange Schlangen vor der Eingangstür. Mittlerweile hat sich *La Bicyclette Rose* auch als ein absoluter Hotspot für die Menschen erwiesen, die hauptsächlich ihr Geld durch die sozialen Medien verdienen. Doch der Wirbel um das gemütlich eingerichtete Lokal ist keinesfalls unberechtigt, hier bekommen Sie ein leckeres und vielfältiges Frühstück oder auch nachmittags leckere Snacks in

Form von Pancakes oder Cookies für einen für französische Verhältnisse absolut moderaten Preis. Auch für Vegetarier ist das kleine Restaurant geeignet, ebenso für all diejenigen, die auf lokal hergestellte Produkte nicht verzichten wollen. Sollte Sie beim Schlendern durch die Stadt also der kleine Hunger überkommen, machen Sie doch einfach mal einen Abstecher in die *Rue Sommeiller*!

DER LAC D´ANNECY: DER BEWEIS DAFÜR, DASS ES AUCH ANDERS GEHT.

Ganz bewusst haben wir uns für diesen unklaren, einige Fragen aufwerfenden, Titel dieses Kapitels entschieden. In unserem heute von Umweltfragen umgebenen Alltag ist Annecy der Beweis dafür, dass es trotzdem möglich ist, die Natur zu schützen und schon früh Maßnahmen zu ergreifen, die auch konkret jahrzehntelang durchgesetzt werden. Der *Lac d´Annecy* gehört mit seinen 14,6 Kilometern Länge und bis zu 3,35 Kilometern Breite zu den größten Seen Frankreichs und ist gleichzeitig der sauberste See Europas. Er besitzt sogar Trinkwasserqualität, was wohl einzigartig in Europa ist. Doch das kommt nicht von ungefähr. In Annecy angekommen, lohnt sich ein direkter Spaziergang am Ufer des Sees, entlang am *Pâquier*, einer 7,5 Hektar großen Wiese, von der aus sich ein spektakulärer Blick auf die Berge und den See bietet. Sobald Sie dem Wasser näherkommen, egal ob im Winter oder im Sommer, werden Sie schnell merken, dass Sie bis auf den Grund des kristallklaren Sees blicken können. Dabei werden Sie mit Sicherheit freudig begrüßt von zahlreichen Schwänen, die gänzlich befreit von jeglicher Scheu dem Menschen ganz nahekommen und mit ihrem typischen Geschnatter dem ein oder anderen Kind auch Angst bereiten können.

Immer weiter in Richtung Altstadt laufen Sie an der unübersehbaren *Pont des Amours* vorbei, welche das wirklich sehr kleine Pendant zur Hohenzollernbrücke in Köln ist. Hier findet man beim Überqueren der am *Canal du Vassé* gelegenen Brücke zahlreiche Liebesschlösser, die von verliebten Paaren graviert und aufgehängt wurden. Sind Sie also mit Ihrem Liebsten auf Reisen, dann dürfen Sie sich dieses romantische Highlight keinesfalls entgehen lassen! Doch auch als Single lohnt es sich allemal, die

„Brücke der Verliebten" zu überqueren, sie dient nicht nur dazu, sich die ewige Liebe zu schwören, sondern auch als idyllisches Fotomotiv. Ein kleiner Geheimtipp: Laufen Sie entlang der *Promenade Jacquet* bis sie die *Pont des Amours* von weitem sehen können. Der *Canal du Vassé,* an dessen Ufer Sie nun unmittelbar stehen, dient gleichzeitig als Anlegestelle für bis zu 121 Kleinstboote. Von dieser Perspektive aus haben Sie eine wunderschöne Aussicht auf die *Pont des Amours,* den See und das dahinterliegende Gebirge. Aus dieser Perspektive lassen sich beneidenswerte Fotos schießen, die allemal instagramtauglich sind.

Worauf wir aber eigentlich hinauswollen, ist, dass seit dem Jahr 1957 zahlreiche Maßnahmen getroffen wurden, um die Wasserqualität des *Lac d'Annecy* zu verbessern und ihn somit vor der Verschmutzung zu bewahren. Dank der Initiative von Dr. Paul Servettaz und dem Bürgermeister Charles Bosson wurde der See zu dem, was er heute ist. Sogar in den Schulen werden die Kinder und Jugendlichen regelmäßig über die Wichtigkeit der Instandhaltung der Wasserqualität informiert! Die Anstrengungen, die bereits vor über 60 Jahren unternommen wurden, waren keinesfalls umsonst. Reisen Sie das erste Mal nach Annecy, so werden Sie zunächst kaum glauben, dass ein See so kristallklares Wasser vorweisen kann. Bei gutem Wetter und wolkenlosem Himmel spiegeln sich die Sonnenstrahlen auf der leicht welligen Wasseroberfläche und werden direkt auf Ihr Gesicht reflektiert. Egal an welcher Stelle des Sees Sie das Wasser vom Ufer aus betrachten, Sie werden jedes Mal aufs Neue begeistert sein von der Schönheit dieses Naturelements, welches mit seinen ruhigen Wellenbewegungen entspannend auf Ihr Gemüt wirkt.

Kleiner Tipp aus unseren Reihen: Auch wenn der See natürlich im Sommer vor allem für die Wasserratten unter Ihnen wohl das größte Highlight ist, hat er dennoch auch im Winter einen ganz unverwechselbaren Charme! Insbesondere dann, wenn die Temperaturen unter 0 Grad fallen und es geschneit hat, ist ein Spaziergang am Ufer des *Lac d´Annecy* wirklich ein wunderschönes Erlebnis. Fernab von großen Menschenmengen blicken Sie auf das verschneite Seeufer, in der Ferne die Alpen, deren Gipfel im dichten Nebel verschwinden und fast schon eine mystische Atmosphäre schaffen.

Gefroren ist der See eigentlich nie, somit hören Sie im Hintergrund auch weiterhin die sanften Wellenbewegungen, welche Sie nahezu in eine andere Welt versetzen. Die Atmosphäre in Annecy während des Winters ist eine ganz andere, als man sie im Sommer vorfindet. Es gibt fast keine Touristen mehr, die Spazierwege rund um den *Pâquier* sind leer und während Sie sich winterfest gekleidet haben, können Sie an der frischen Luft so richtig entspannen.

WASSERSPORTLER AUFGEPASST: HIER KÖNNEN SIE RICHTIG WAS ERLEBEN.

Selbstverständlich möchten wir Ihnen keinesfalls die zahlreichen Wassersportaktivitäten vorenthalten, die Annecy zu bieten hat. Der See ist ein wahres Paradies für Wassersportler, die nie genug vom kühlen Nass bekommen können und offen für Neues sind. So bieten dutzende kleine lokale Unternehmen Aktivitäten wie Kanufahren, Canyoning, Katamaranfahrten, Windsurfen, Tauchen, Rafting, Wasserski, Stand-up-Paddling, Segeln oder auch Wakeboarden an. Bei all diesen Möglichkeiten fällt es Ihnen sicherlich auch erst einmal schwer, sich zu entscheiden, was Ihnen denn wohl am besten zusagt. Natürlich können auch wir nicht jede Aktivität im Detail vorstellen. Dennoch haben wir zwei Aktivitäten herausgesucht, die sich vor allem bezüglich ihres Preises, der Notwendigkeit von Vorkenntnissen und der Dauer unterscheiden.

Als Erstes stellen wir Ihnen das Unternehmen *Annecy Plongée* vor, welches nicht nur Tauchequipments verkauft, sondern auch ebenfalls zahlreiche Aktivitäten rund um das Tauchen anbietet. So können Sie zum Beispiel die *Diving Lake Exploration* buchen, die sich insbesondere für diejenigen unter Ihnen eignet, die bereits einen Tauchschein oder Erfahrung im Tauchen haben. Achtung: Ein ärztliches Attest zur gesundheitlichen Eignung ist dringend notwendig! Bereits Jugendliche ab 14 Jahren können an dieser Aktivität teilnehmen, müssen aber bis zum Alter von 18 Jahren eine schriftliche Einverständniserklärung der Eltern vorlegen. Sie müssen bei dieser Aktivität circa drei Stunden einplanen und mit Kosten von 35 € zuzüglich Tauchausrüstung rechnen, was in dem Fall mit 15 € recht überschaubar ist. Vor Ihrem Tauchgang werden Sie kurz von einem Profi eingewiesen und direkt danach können Sie in die wundervolle Wasserwelt des *Lac d´Annecy* eintauchen. Aufgrund der hervorragenden Wasserqualität sehen Sie auch noch in 12 bis 20 Metern Tiefe die glasklare Unterwasserwelt, inklusive Flora, Fauna und der bunten Fische im Seegras. Das Wasser kann an einigen Stellen sogar bis zu acht Grad kalt werden! Wer also bereits einen Tauchschein hat, der sollte sich diese einzigartige Möglichkeit, den saubersten See Europas samt seiner Wasserbewohner zu entdecken, nicht entgehen lassen.

Doch auch für diejenigen unter Ihnen, die bis dato keinen Tauchschein haben, bietet *Annecy Plongee* die tolle Möglichkeit, im Venedig der Alpen einen Tauchschein des Niveaus 1FFESSM zu erwerben. Dieses Niveau ist das Einstiegsniveau und somit für den Anfang ganz besonders geeignet. Um diesen Tauchschein zu erwerben, müssen Sie unbedingt drei Tage beziehungsweise 72 Stunden einplanen, da der Erwerb an sechs Tauchgänge gekoppelt ist, die jeweils eine Dauer von 30 bis 45 Minuten haben. Sie müssen mit Kosten von circa 470 € rechnen, inklusive den theoretischen Ausführungen sowie der Tauchausrüstung. Auch hierfür müssen sie zwingend ein ärztliches Attest über Ihre gesundheitliche Eignung vorlegen; dieses organisieren Sie sich also bei Interesse vorab in Deutschland bei Ihrem Hausarzt. Sie können den Tauchschein zwischen Juli und Oktober erwerben; die Kurse fangen stets dienstags an und dauern drei Tage. Dabei tauchen Sie mit erfahrenen Tauchern bis zu 20 Meter in die Tiefe des Sees ab und lernen dabei hauptsächlich die Basics der Tauchkunst kennen. Parallel dazu lernen Sie bereits die prachtvolle Unterwasserwelt des *Lac d'Annecy* kennen! Sollten Sie also schon immer Interesse daran gehabt haben, einen Tauchschein zu erwerben, mit dem Sie in allen Gewässern dieser Welt tauchen können, dann ziehen Sie doch einen Tauchkurs in Annecy in Erwägung. Sie werden diese Entscheidung sicherlich nicht bereuen und können von dem Zeitpunkt an, egal wo Sie auf der Welt unterwegs sind, einen Tauchgang unternehmen.

Gehören Sie eher zu denjenigen, die lieber die Schönheit der Natur Annecys von der Wasseroberfläche aus beobachten? Dann ist auch das kein Problem. So bietet beispielsweise *Activ'Annecy* die Möglichkeit, Stand-up-Paddles zu mieten und ganz in Ruhe über die sanfte Wasseroberfläche des Sees zu gleiten und das, ohne irgendwelche Vorkenntnisse nachweisen zu müssen! Auch wenn Sie am Anfang vielleicht Probleme damit haben werden, das Gleichgewicht auf dem schmalen Paddel zu halten, gilt nach wie vor der Spruch: Übung macht den Meister. Lassen Sie sich also nicht von Ihren anfänglichen Unsicherheiten entmutigen und Sie werden schnell merken, dass Sie bei jedem Aufsteigen auf das Paddel immer mehr an Sicherheit gewinnen. Dabei beginnen Sie meistens kniend auf das Paddel aufzusteigen und Schritt für Schritt wird dieser Wassersport zu einer erfrischenden Aktivität für die ganze Familie. Denn auch Kinder ab sechs Jahren dürfen bereits bei dieser Aktivität mitmachen!

Und falls Sie doch eine kleine Einführung in die Kunst des Stand-up-Paddlings benötigen, dann können Sie einen Kurs für 80 € buchen, welcher eine Stunde dauert. Im Gegensatz zu dem Taucherlebnis ist das Stand-up-Paddling eine kostengünstige Alternative: Ein Einzelpaddel kostet 12 € pro Stunde und für 34 € können Sie das Paddel einen ganzen Tag lang mieten. Bei einer mehrköpfigen Familie lohnt es sich also, diese Aktivität in Betracht zu ziehen, um die Kleinsten sich mal so richtig auspowern zu lassen, sodass diese abends zufrieden ins Bett fallen und die Erwachsenen noch ein wenig Zweisamkeit genießen können. Sie können sich nach Ihrer Ankunft auch im Stadtzentrum in der *Rue Faubourg Ste Claire 1* persönlich beraten lassen. *Activ`Annecy* bietet ebenfalls andere Aktivitäten an, die nicht selten einen durchaus erhöhten Adrenalinspiegel hervorrufen können. Dabei handelt es sich um Aktivitäten wie Klettern in den steilen Gebirgen rund um den See, Paragliding oder das Pendant zum Paragliding, das Deltaplane.

Wie Sie sehen, bieten zahlreiche Unternehmen wirklich vielfältige Angebote um den See, die Natur rund um den See und die Unterwasserwelt des Sees zu erkunden. Informieren Sie sich gern auf der Homepage der Stadt Annecy (https://de.lac-annecy.com/aktivitaten/wassersport.html) über die Möglichkeiten, einen actionreichen Tag allein oder mit der ganzen Familie zu verbringen. Auch die kleineren Städte rund um Annecy, wie beispielsweise Saint-Jorioz, bieten Aktivitäten rund um den Wassersport. Man könnte meinen, Annecy sei das Mekka für Wassersportler und unserer Meinung nach ist es das auch!

VOM SEE IN DIE ALPEN: WO SIE AM BESTEN DEM SKISPORT NACHGEHEN KÖNNEN.

Was wäre unser Buch über das Venedig der Alpen nur ohne die Alpen selbst? Deswegen haben wir für Sportbegeisterte und Ski-Fans obligatorisch dieses Kapitel ins Leben gerufen, um über die besten Skimöglichkeiten rund um Annecy zu informieren. Insgesamt kann man dort auf ungefähr 241 Pistenkilometern die Alpen hinunterrasen, die auf 91 Skilifte verteilt sind. Wir stellen Ihnen in diesem Kapitel drei Skigebiete vor, welche von Annecy aus einfach zu erreichen sind.

Dabei starten wir mit dem Skigebiet *La Clusaz*, welches seit einigen Jahren zu den besten Skigebieten rund um die Region Annecy gehört und schon seit Anfang des 20. Jahrhunderts betrieben wird. In *La Clusaz* befinden sich fünf Bergketten, die durch ihre zahlreichen und diversen Pistenkilometer für alle Anfänger sowie Profis geeignet sind. Zu erreichen ist *La Clusaz* am besten mit dem Auto, da es 30 Kilometer von Annecy entfernt liegt. Optional fährt ein BlaBlaBus von Annecy in das Skigebiet, was allerdings über eine Stunde dauert und es sich daher empfiehlt, für einen Tag einen Wagen zu mieten. Der Eintrittspreis für einen Tag liegt bei 39,80 € und für vier Stunden bei 35,40 €, weswegen es sich lohnt, eine Tageskarte in Erwägung zu ziehen. Kinder bis 14 Jahren profitieren dabei von einer Ermäßigung und zahlen pro Tageskarte nur 30,80 €. Selbstverständlich haben Sie vor Ort die Möglichkeit, eine Skiausrüstung zu mieten oder zu kaufen.

Doch *La Clusaz* bietet noch mehr als das einfache Skifahren! Sie haben zudem die Möglichkeit, während Ihres Aufenthaltes mit Tieren wie Pferden oder Schneehunden in Kontakt zu kommen, indem Sie sich beispielsweise wie im tiefsten Norden von vier Schneehunden pro Person durch den eiskalten und glänzenden Schnee ziehen lassen. Auch haben Sie die Möglichkeit, sich in einer wunderschönen Holzkutsche von Pferden durch die ewigen Weiten der Schneepisten ziehen zu lassen oder einfach selbst ein Pferd zu reiten. Wichtig dabei ist, dass all diese Aktivitäten im Voraus reserviert werden müssen! Weitere Informationen hierzu erhalten Sie hier: https://www.laclusaz.com/activites-hiver.html. Es lohnt sich allemal, solch eine Option in Erwägung zu ziehen, denn wer kann schon von sich behaupten, auf einem Pferd durch den tiefen Schnee der Alpen mit Blick auf den höchsten Berg Europas, den Mont Blanc, geritten zu sein…

Ein weiteres Skigebiet, welches auch als „Crème de la Crème" der französischen Skigebiete bezeichnet werden kann, ist das Skigebiet Chamonix-Mont-Blanc, welches an der Grenze zur Schweiz und zu Italien liegt. Da Chamonix-Mont-Blanc circa 100 Kilometer von Annecy entfernt ist, lohnt sich hierbei definitiv ein Mietwagen, um schnell und komfortabel hin- und wieder zurückzukommen. Dass Sie es hier mit der „Crème de la Crème" der französischen Skigebiete zu tun haben, zeigt sich vor allem beim Preis; ein Tagesticket für Erwachsene kostet 67 € und für Kinder 57 €. Doch der Preis hat seine Berechtigung, schließlich sind Sie direkt am höchsten Berg Europas und müssen lediglich Ihren Kopf leicht anheben, um dieses massive Meisterwerk der Natur in seiner vollen Pracht anschauen zu können.

Auch hier kommen sowohl Anfänger als auch Profis voll auf ihre Kosten und können sich grenzenlos auf den endlosen Skipisten von Chamonix auspowern. Und falls Sie doch einmal das Bedürfnis nach etwas Entspannung verspüren, dann kommen Sie

auf gar keinen Fall um die bekannte rote Zahnradbahn *Montenvers* herum, die Sie auf einer Länge von
5,1 Kilometern zum gleichnamigen 1.913 Meter hohen Berg Montenvers befördert und dabei einen Hö-
henunterschied von 817 Metern überwindet. Die
Strecke existiert nun schon seit mehr als 100 Jahren
und wurde im Jahr 1953 elektrifiziert. Das Highlight
der Fahrt ist wohl der Gletscher *Mer de Glace*, zu
Deutsch Eismeer, welcher als größter Gletscher
Frankreichs und als viertgrößter Gletscher der Alpen gilt. Oben an der Endstation der Zahnradbahn
angekommen, befördert

Sie eine Gondel bis in das Tal des Gletschers hinunter, von wo aus Sie noch circa 550 Stufen zu Fuß
bewältigen müssen, um den Gletscher aus nächster
Nähe betrachten zu können. Es besteht ebenfalls die
Möglichkeit, direkt von der Station Montenvers aus
zu Fuß hinunter in Richtung Gletscher zu laufen, was
ungefähr 20 Minuten in Anspruch nimmt. Interes-
sant ist hierbei insbesondere der Fakt, dass sich der
Gletscher seit 150 Jahren immer weiter zurückzieht
und mittlerweile über zwei Kilometer kürzer ist als
damals. Das erklärt auch, wieso die Treppenstufen
ständig angepasst werden müssen. Der Grund für

den sich zurückziehenden Gletscher ist wohl abermals der Klimawandel und die damit zusammenhängende globale Erwärmung, was wieder einmal zeigt, dass der Klimawandel selbst vor solch beeindruckenden Naturphänomenen keinen Halt macht.

Für das leibliche Wohl ist in Montenvers ebenfalls gesorgt, Sie können zwischen mehreren Restaurants und Bars wählen, die zum großen Teil Spezialitäten aus der Savoie und traditionelle Gerichte anbieten, inklusive einem traumhaften Ausblick auf das Alpenpanorama. Zusammen mit der Hin- und Rückfahrt und der Besichtigung des Gletschers müssen Sie mit einer Dauer von zwei bis drei Stunden rechnen. Der Preis pro Erwachsenen liegt hierbei bei 34 €, Kinder bis zu 14 Jahren zahlen hingegen nur 28,90 €. Es lohnt sich auf jeden Fall, einen Ausflug nach Montenvers einzuplanen, wenn Sie sowieso schon in Chamonix sind. Der Gletscher *Mer de Glace* ist nicht nur ein Naturphänomen, welches sowohl Jung als auch Alt auf der Stelle zu begeistern vermag. Der Gletscher ist ebenfalls ein Paradebeispiel dafür, dass der Klimawandel weiterhin unaufhörlich voranschreitet und dass sich die Gletscherzunge jedes Jahr einige Meter weiter zurückzieht. Während im

Jahre 2017 nur 440 Treppen hinunter zum Gletscher gelaufen werden mussten, sind es heute 550. Und es werden stetig mehr. Somit profitieren Sie am Ende des Tages nicht nur von einem spannenden Ausflug zum größten Gletscher Frankreichs, sondern Sie profitieren zusätzlich von einer dramatischen Verbildlichung des Klimawandels, welcher allgegenwärtig ist.

Abschließend stellen wir Ihnen noch das kleinste der drei Skigebiete vor, welches nur 18 Kilometer von Annecy entfernt ist und ganz entspannt in 20 Minuten beispielsweise mit dem Auto zu erreichen ist. Dabei handelt es sich um *Le Semnoz*, einem Skigebiet, in dem bereits seit 1872 der Skisport aktiv betrieben wird. *Le Semnoz* ist allerdings grade deswegen so besonders, da dort, sowohl im Winter als auch im Sommer, zahlreiche Aktivitäten ganz unabhängig davon betrieben werden können, ob Schnee liegt oder nicht. Mit 16,40 € ist ein Tagesausflug in dieses Skigebiet durchaus günstig; Kinder zahlen sogar nur 13,20 €. Im Winter können Sie neben Skifahrten auch ganz einfach Spaziergänge im funkelnden Schnee unternehmen. Dadurch, dass *Le Semnoz* eines der kleinsten Skigebiete ist, ist es dementsprechend auch nicht überlaufen und hat folglich seinen ganz eigenen, individuellen Charme! Auch im Sommer können Sie und Ihre Familie im eigentlichen Skigebiet auf Ihre Kosten kommen. Auf zahlreichen Rodelbahnen können sich die Jüngsten so richtig austoben und die Erwachsenen können einen Spaziergang in der grünen und unberührten Natur unternehmen. Abschließend kann man an dieser Stelle also festhalten, dass *Le Semnoz,* im Hinblick auf seine Nähe zu Annecy und seine günstigen Tickets, vor allem für jene Familien attraktiv ist, die mit mehreren Kindern anreisen und auch im Sommer bieten sich zahlreiche Möglichkeiten, die Natur in vollen Zügen zu genießen.

EIN FLUG IM PRIVATJET UM DEN MONT BLANC

Zugegeben, ein richtiger Privatjet erwartet Sie hier nicht, allerdings haben Sie für die Dauer von knapp einer Stunde trotzdem das Gefühl, Sie würden sich in Ihrem eigenen Jet befinden. Das wohl mit Abstand größte Highlight Ihrer Reise könnte ein Flug über den Gipfeln des Mont Blanc sein, welcher in Annecy startet und neben dem Mont Blanc auch noch die Gletschergebirge *Glacier du Tour, Glacier de Talèfre* und *Glacier d'Argentière* überfliegt. Mit 209 € ist dieser Flug nicht unbedingt günstig, bietet aber ein wirklich absolut einzigartiges Erlebnis, welches Sie so schnell nicht vergessen werden. Das Einzige, was Sie vor der Buchung beachten müssen ist, dass große und sperrige Rucksäcke im Inneren der Maschine nicht erlaubt sind und Personen mit besonderen Erkrankungen oder auch schwangere Frauen eine ärztliche Bescheinigung vorlegen müssen, dass sie diesen Flug problemlos antreten können. Ansonsten gibt es nicht viel mehr zu beachten, außer, dass Sie auf keinen Fall Ihre Kamera vergessen dürfen und am besten noch eine Sonnenbrille mitnehmen sollten. Machen Sie sich gefasst auf einen Flug, der für immer in Ihrer Erinnerung bleiben wird und dass Sie einzigartige Fotos mit nachhause nehmen werden, die Ihre Liebsten neidisch und zugleich sprachlos werden lassen. Denn wie viele Menschen können schon von sich behaupten, den Mont Blanc in einem kleinen „Privatjet" überflogen zu haben?

Falls Ihnen diese Route etwas zu teuer ist, haben Sie noch die Möglichkeit, eine Flugroute zu buchen, wobei lediglich der *Lac d'Annecy* einmal komplett überflogen wird. Für 79 € erleben Sie 20 Minuten lang den überwältigenden See aus der Luft und bekommen so einen Eindruck davon, wie groß dieser eigentlich ist. Ebenfalls werden Sie in der Luft merken, dass der *Lac d'Annecy* keinesfalls umsonst den Titel für den saubersten See Europas erhalten hat. Man könnte auf Fotos fast meinen, Sie würden sich auf einer idyllischen und grünen Insel Thailands befinden. Die Bedingungen für das Antreten des Fluges sind stets dieselben: Keine sperrigen Gegenstände mit in die Maschine nehmen, bei besonderer Krankheit oder Schwangerschaft eine ärztliche Bescheinigung mitnehmen und schon kann das Abenteuer beginnen! Zudem gilt für alle Flugrouten, dass diese selbstverständlich immer nur in Abhängigkeit vom Wetter stattfinden können. Sicherheit geht vor und aus diesem Grund garantiert Ihnen das Unternehmen, welches die Flüge organisiert, dass Sie bei einem unvorhersehbaren Flugausfall gemeinsam schauen, wann Sie schnellstmöglich einen Ersatztermin finden können.

Daher sollten Sie bei Ihrer Planung unbedingt bereits im Voraus Wetterberichte anschauen und bei einer längeren Aufenthaltsdauer in Annecy möglichst den Flug auf die ersten Tage legen, um im Falle einer Absage, wenige Tage später den Flug nachholen zu können. Doch eines sei Ihnen jetzt schon gesagt: Falls Sie sich für eine Tour im „Privatjet" entscheiden, wird es schwierig sein, dieses Erlebnis, in welcher Form auch immer, zu toppen. Sie überfliegen den höchsten Berg Europas und den saubersten See Europas, dies spricht schon für sich. Und auch denjenigen unter Ihnen, die unter Flug- oder Höhenangst leiden sei gesagt, dass es sich allemal lohnt, sich zu überwinden und einfach mal die wundervolle Natur von oben zu betrachten, um zu verstehen, dass es wichtig ist, für ihre Aufrechterhaltung zu kämpfen.

TATJANA BUCHNER

Ein außergewöhnliches Fleckchen

ANNECY ALS ZWISCHENSTOPP FÜR STÄDTEREISENDE

Egal, ob Sie eine Woche, ein Wochenende oder nur einen Tag in Annecy verbringen möchten, es lohnt sich ebenso, einen Blick auf die Nachbarstädte zu werfen. So liegt die Stadt Lyon nur 145 Kilometer von Annecy entfernt und kann ganz leicht mit dem Auto, dem TGV oder auch mit der günstigsten Variante, dem Flixbus, erreicht werden. Lyon ist, und da gibt es keine Zweifel, eine wesentlich lebhaftere Stadt als Annecy. Mit über zwei Millionen Einwohnern gehört Lyon mit seinen vier historischen Stadtteilen Fourvière, Vieux-Lyon, Croix-Rousse und Presqu´île seit 1998 zum UNESCO-Weltkulturerbe. Einen ganz besonderen historischen Hintergrund hat dabei die Basilika *Notre-Dame de Fourvière.* Nachdem 1643 die Pest in Lyon ausbrach, wurde vom Stadtrat eine Prozession zur Basilika einberufen, um für ein schnelles Ende der Seuche zu beten. Tatsächlich blieb die Stadt schlussendlich von der Pest verschont. Doch auch für Nichtgläubige lohnt sich der Aufstieg auf den Hügel, auf dem die Basilika errichtet worden ist.

Der Ausblick über das Stadtpanorama ist atemberaubend schön und selbst wenn der steile, vielleicht beschwerliche, Fußmarsch einem alle möglichen Kräfte abverlangt, ist die Aussicht Belohnung genug. Nachdem Sie sich wieder auf den Rückweg gemacht haben, werden Sie in der Lyoner Altstadt nicht um die *Brioche à la Praline* herumkommen, die wohl für die größten Naschkatzen unter Ihnen zu einem Zuckerschock führen kann. Dabei handelt es sich um ein französisches Süßgebäck, welches mit pinken Pralinenstückchen verfeinert ist. Wir könnten hier noch so viel über Lyon, den *Place Bellecour* oder auch die prachtvolle Altstadt schreiben, aber auch eine andere französische Stadt hat es verdient, in unserem Buch erwähnt zu werden.

Nur circa 100 Kilometer von Annecy entfernt, liegt die Stadt Grenoble, die ebenfalls per Zug, Bus oder Auto erreicht werden kann. Grenoble erinnert in gewisser Hinsicht an Annecy: Ganz besonders das Alpenpanorama und die malerischen Gebäude in der Altstadt weisen zahlreiche Parallelen zum Venedig der Alpen auf. Während Annecy als Venedig der Alpen bezeichnet wird, bezeichnet man Grenoble als Hauptstadt der Alpen, und das zu Recht! Denn im direkten Umfeld der Stadt befinden sich zahlreiche Berggipfel, wie zum Beispiel das Bergmassiv des Vercors.

Das Highlight der Stadt ist wohl unangefochten die Seilbahn, welche Sie innerhalb weniger Minuten in einer der *Bulles*, einer runden Gondel, zur auf 500 Metern Höhe gelegenen Festung *Bastille* bringt und dabei ein unvergessliches Panorama auf das Tal und die Stadt bietet. Egal, ob Sie nun oben angekommen das Museum in der Festung besichtigen wollen oder nicht, eine Fahrt mit der Seilbahn ist für Jung und Alt ein Erlebnis der besonderen Art. Für 8,60 € für die Hin- und Rückfahrt erwartet Sie auf der Aussichtsterrasse sogar ein Ausblick auf den Mont Blanc, den höchsten Berg Europas! Doch auch die angrenzende Schweiz hat Städtereisenden einiges zu bieten.

Kommen wir damit zu Genf, der zweitgrößten Stadt der Schweiz nach Zürich. Gerade einmal 40 Kilometer von Annecy entfernt, bietet sich Genf unter anderem für eine Flugverbindung nach Annecy an, denn am Flughafen von Annecy landen grundsätzlich nur Flugzeuge, die von Paris-Orly aus starten. Doch Achtung! Klären Sie vorher unbedingt ab, wie Sie von Genf aus nach Annecy kommen wollen, denn in der Schweiz ist die Landeswährung bekanntermaßen der Schweizer Franken, sodass gegebenenfalls noch am Flughafen Geld gewechselt werden muss. In Genf, französisch Genève, findet man den zweitgrößten See Europas und den größten See Frankreichs und der Schweiz, den Genfer See. Rund um den See existieren, ähnlich wie in Annecy, zahlreiche Möglichkeiten für Outdooraktivitäten, u.a. auch Radfahr- oder Wanderwege. Aber auch die Genfer Weinterrassen, die zum UNESCO-Weltkulturerbe gehören, sind absolut sehenswert und natürlich für

Weinliebhaber das absolute Highlight. Das sogenannte Lavaux-Gebiet, welches sich über 30 Kilometer erstreckt, lädt egal ob im Sommer oder im Winter
zu ausgiebigen Spaziergängen oder auch zu Verkos-
tungen in einem der diversen Weinkeller ein. In Genf
können Sie aber auch, je nachdem wann Sie dort
sind, zahlreiche internationale Messen besuchen, die
jedes Jahr stattfinden. So präsentiert sich jedes Jahr
Anfang März eine der wichtigsten internationalen
Automessen in Genf, der Genfer Autosalon. Sollten
Sie also ein Autoliebhaber sein, empfiehlt sich eine
Reise über Annecy, Lyon, Grenoble und anschließend Genf Ende Februar bis Anfang März.

Sind Sie neugierig geworden? Kein Wunder,
denn erst auf den zweiten Blick erkennt man die
Vielfalt des Südostens Frankreichs und der angren-
zenden europäischen Nachbarländer, welche durch
ihre kulturelle Vielfalt und die atemberaubende Natur Lust auf mehr machen. Selbstverständlich ist es
kein Muss all diese Nachbarstädte in seine Reise mit-
einzubeziehen, dennoch lohnt sich ein Blick in den
Osten und den Westen, um in den Genuss der gesam-
ten Pracht unseres Nachbarlandes zu kommen. Doch
egal, wofür Sie sich entscheiden, es sei Ihnen jetzt

schon gesagt, dass Sie – einmal in den Südosten Frankreichs gereist – für immer mit dem Frankreich-Virus infiziert sein werden! Einmal in den Genuss der französischen Kultur, der französischen Gastronomie und dem französischen *savoir-vivre* gekommen, lässt Sie dieses Potpourri an Eindrücken nicht mehr los.

EN FRANÇAIS, S´IL VOUS PLAIT! EINE IDYLLE, UM DER FRANZÖSISCHEN SPRACHE NÄHER ZU KOMMEN.

Planen Sie einen längeren Aufenthalt von zwei, drei oder vielleicht sogar vier Wochen in Frankreich, vielleicht sogar in Annecy? Wollen Sie dabei gleichzeitig der französischen, von vielen so gefürchteten, Sprache näherkommen? Dann bietet sich Annecy als idealer Ort dafür an. Im Netz finden Sie mit Sicherheit zahlreiche Sprachschulen, dabei sticht vor allem die internationale Sprachschule IFALPES (https://ifalpes.com/fr/) heraus. IFALPES bietet eine Vielzahl an Sprachkursen an, die abwechselnd vormittags und nachmittags an fünf Tagen die

Woche stattfinden und jeweils an das individuelle Sprachniveau angepasst sind. Sie fürchten, dass Sie mit Ihrem Sprachniveau ganz allein im Anfängerbereich sein könnten? Ganz im Gegenteil! IFALPES heißt jedes Jahr hunderte Menschen aus der ganzen Welt willkommen, die gerade erst damit angefangen haben, Französisch zu lernen. Bei dem Gedanken an eine Sprachschule könnten Sie natürlich meinen, dass es sich um einen monotonen Unterricht handelt. Zudem fragen Sie sich sicherlich, wo Sie für die Zeit unterkommen können.

All das übernimmt IFALPES für Sie! Sie können zwischen Gastfamilien, Wohngemeinschaften oder Einzelunterkünften wählen. Doch das wirklich Besondere an der Teilnahme an einem Sprachkurs an der Sprachschule IFALPES in Annecy ist, dass das ganze Jahr über diverse Aktivitäten außerhalb des Unterrichts organisiert werden. Im Winter werden Ausflüge in Skigebiete organisiert, wohingegen im Sommer vor allem Aktivitäten im Bereich des Wassersports, aber auch Fallschirmsprünge, angeboten werden. Sie denken, dass das alles ist? Absolut nicht! IFALPES organisiert ebenfalls interne Veranstaltungen, wie zum Beispiel gemeinsame internationale

Kochabende oder Tandem-Nachmittage.

Wer neue Sprachen lernen will, der lernt unabdingbar gleichzeitig eine neue Kultur und neue Gepflogenheiten kennen. Und wo lernt man am besten die Kultur desjenigen Landes kennen, dessen Sprache man lernen möchte? Richtig, in dem jeweiligen Land! Annecy bietet als dynamische und aktive Stadt die idealen Voraussetzungen, um neben dem täglichen Gehirnjogging innerhalb des Sprachunterrichts mit Menschen aus aller Welt am Ufer des *Lac d'Annecy* auf andere Gedanken zu kommen und gleichzeitig seinen eigenen Horizont zu erweitern. Bei einem gemeinsamen Crêpe mit den neugewonnenen Freunden oder einfach Kursmitgliedern lässt es sich doch viel einfacher eine neue Sprache lernen. Und beim Bestellen des Crêpe kann man direkt seine Sprachkenntnisse unter Beweis stellen, ist das nicht praktisch?

MIT DEM FAHRRAD UM DEN SEE

Sollten Sie zu den eher sportlich aktiven Reisenden gehören, so können wir Ihnen eine Fahrradtour rund um den *Lac d'Annecy* wärmstens ans Herz legen. Das Besondere dabei ist, dass die Verantwortlichen im Département Haute-Savoie einen Weg nur für Fahrradfahrer direkt am Seeufer haben entstehen lassen, welcher nun auf 40 Kilometern rund um den See befahrbar ist. Zudem können Sie den Weg auch mit Inlineskatern oder als Person mit eingeschränkter Mobilität befahren, was insbesondere diesen zugutekommt, da die Wege ebenmäßig und flach sind. Grundsätzlich können Sie hierbei zwischen zwei Hauptrouten wählen, von denen die eine, die Route am *Rive Ouest,* bereits fertiggestellt wurde und die andere Route am *Rive Est* noch zum Teil fertiggestellt werden muss.

Daher empfiehlt sich vor allem für Personen mit eingeschränkter Mobilität die Route am *Rive Ouest,* da es keinerlei zu umfahrende Hindernisse gibt und Sie sich voll und ganz der wundervollen Natur widmen können, während Sie körperlich aktiv sind. Sie brauchen sich keine Sorgen zu machen, dass Ihnen ein Motorradfahrer entgegenkommt, die Pisten sind ausschließlich für den nichtmotorisierten Verkehr freigegeben worden, da die Sicherheit an erster Stelle steht.

Je nachdem ob Sie im Sommer oder im Winter nach Annecy reisen, profitieren Sie vor allem im Sommer während Ihrer Fahrradtour von angenehmen Zwischenstopps an diversen Badeufern, die für die nötige Abkühlung sorgen. Immer wieder fahren Sie dabei an Wasserstellen, den sogenannten *points d'eau* vorbei, die Sie mit frischem Trinkwasser versorgen, falls Ihr eigener Vorrat knapp wird. Insbesondere im Sommer sollte der eigene Trinkwasserbedarf bei sportlichen Aktivitäten nicht unterschätzt werden, daher ist es ratsam, immer nach den Wasserstellen Ausschau zu halten! Die erste Etappe erreichen Sie in der Kleinstadt Sévrier, die einen Infopoint, Bademöglichkeiten sowie ein WC bietet. Sollten Sie an dieser Stelle noch keine Pause brauchen, so lohnt es sich, direkt nach Saint-Jorioz weiterzufahren, einer kleinen „5.000-Einwohner-Stadt". Hier finden Sie neben einer kleinen Bootsanlegestelle auch eine wesentlich größere Bademöglichkeit am Ufer des Sees als in Sévrier. Nach einer kurzen Verschnaufpause geht es auch schon weiter

Richtung Duingt, einem wirklich kleinen Dorf mit nur 900 Einwohnern, welches aber nichtsdestotrotz eine ganz besondere und außergewöhnliche Sehenswürdigkeit zu bieten hat: das *Château de Duingt*. Dabei handelt es sich um ein im 17.-19. Jahrhundert umgebautes Schloss, welches auf einer kleinen Insel am Ende der Halbinsel von Duingt liegt und durch einen Damm mit dem Festland verbunden ist. Leider ist dieses Schloss nicht für die Öffentlichkeit zugänglich, aber dennoch ist es ein Foto wert. Dann geht es auch schon wieder weiter zur letzten Etappe der Radtour am *Rive Ouest*, zum *Bout du Lac*, was auf Deutsch ganz einfach „Zipfel" oder „Ende" des Sees bedeutet. Dort können Sie ein leckeres Essen im Restaurant „Chez ma cousine" genießen und dabei den atemberaubenden Ausblick auf den See und die dahinterliegenden Berge bestaunen. Sollten Sie sich dazu entschließen, erst bei Dämmerung den Rückweg anzutreten, sei Ihnen gesagt, dass die vordere sowie hintere Beleuchtung an Ihrem Fahrrad aus Sicherheitsgründen verpflichtend ist!

Wenn Sie sich doch für die Route am *Rive Est* entscheiden, dann sollten Sie die weiteren Sicherheitshinweise beachten: Tragen Sie möglichst einen

Helm, da sich die Strecke noch im Ausbau befindet und Sie gegebenenfalls auf Unebenheiten der Piste während Ihrer Fahrt treffen können. Doch all das sollte Sie nicht davon abhalten, auch die Schönheit und vor allem die Eleganz des *Rive Est* zu entdecken. Vorbei an Annecy-le-Vieux und direkt zwei Bade-ufern, kommen Sie nach einiger Zeit in Veyrier-du-Lac an, einer kleinen Stadt mit circa 2.500 Einwohnern. Falls Sie Ihre Tour für einen Freitag planen, fahren Sie am besten schon früh morgens los, um einen Abstecher auf den Markt zu machen, der jeden Freitagmorgen seinen Besuchern die leckersten Spezialitäten des Haute-Savoie anbietet.

Nachdem Sie ein leckeres Stück des Reblochon, einem nussig-milden Käse aus der Region Haute-Savoie, probiert haben, geht die Fahrt auch schon weiter Richtung Menthon-Saint-Bernard, einem noch etwas höher gelegenen Städtchen mit nicht einmal 2.000 Einwohnern. Rund um den Ortskern wurden zahlreiche neue Villen und Einfamilienhäuser an den Berghängen erbaut, weswegen der Ort bei den Alt-eingesessenen von Annecy nicht selten als „Reichen-gegend" bezeichnet wird. Aber seien wir ehrlich, so ein Haus am Berghang mit Aussicht auf den saubersten See Europas hat schon seinen ganz eigenen Reiz. Bevor Sie aber zu sehr in Tagträume verfallen, visieren Sie doch schon mal das nächste Dorf an: Talloires-Montmin. Hier können Sie ein paar wunderschöne Stunden am Ufer des *Lac d'Annecy* verbringen und im Sommer einige Bahnen im kristallklaren Wasser drehen. Dieser Strand wird sogar tatsächlich als der schönste Strand rund um den See bezeichnet. Sind Sie Ende Mai unterwegs, können Sie das Buchfestival besuchen, welches aus Lesungen, Vorträgen und Signierstunden besteht. Das wohl idyllischste Paradies für die Leseratten unter Ihnen! Ende August findet sogar ein Pyrokonzert in der Bucht von Talloires-Montmin statt, bei dem zu Rockmusik ein Feuerwerk in die Luft geschossen wird.

An dieser Stelle sei gesagt, dass sich die Weiterfahrt insbesondere für diejenigen lohnt, die noch in den Bergen von Angon wandern möchten. Die *Cascade d'Angon* ist ein 2,7 Kilometer langer Wanderweg, welcher Sie entlang von Flüssen, unter einem Wasserfall hindurch durch wunderschöne Wälder führt und auch für Anfänger geeignet ist. Am besten planen Sie diese Wanderung von Mai bis Oktober, da die Wege in dieser Zeit am besten zugänglich sind. Das Besondere hierbei ist, dass der Wanderweg nicht nur in eine Richtung geht, sondern Sie dort ankommen, von wo aus Sie auch gestartet sind. Eines sei Ihnen vorab gesagt: weder auf der Tour am *Rive Ouest* noch auf der Tour am *Rive Est* wird Ihnen langweilig, sowohl im Sommer als auch im Winter. Vor allem im Winter profitieren Sie von einer idyllischen Ruhe, die entspannend auf Sie wirkt und Sie dem stressigen Alltag entfliehen lässt.

Haben Sie Lust auf mehr bekommen und möchten Sie nicht nur einige wenige Stunden an den schönsten Badeufern des *Lac d´Annecy* verbringen? Dann bietet sich einer der 18 Campingplätze rund um den See an, die in der Sternekategorie zwischen einem und vier Sternen liegen. So bietet beispielsweise das *Camping International du Lac d´Annecy* (https://www.camping-lac-annecy.com/) fast schon ein Hotelambiente wie man es aus einem Inselurlaub kennt. Sie können zwischen einem Zelt, einem Campingwagen aber auch den modernsten und umweltfreundlichen Camping-Häusern mit einer Fläche von 29 Quadratmetern wählen. Auch für die Unterhaltung der jüngsten Familienmitglieder ist gesorgt: In den Sommermonaten bespaßt eine

Gruppe von drei internationalen Animateuren die Kleinsten. Für die Erwachsenen kommt der Spaß ebenfalls nicht zu kurz: Neben dem direkten Zugang zu den neu entstandenen Fahrradpisten haben Sie ebenfalls die Möglichkeit, einen Gleitschirmflug über dem *Lac d´Annecy* zu wagen und das atemberaubende Panorama zu genießen. Allerdings ist dies nichts für schwache Nerven oder Menschen mit Höhenangst, auch wenn es sich lohnt, seine Angst für diese phänomenale Aussicht zu überwinden!

WANDERN IN DEN *GORGES DU FIER*

Sind Sie doch lieber zu Fuß unterwegs und wollen neben den Stränden am Seeufer etwas mehr Action erleben und ein neues Abenteuer wagen? Dann ist eine Wanderung in den *Gorges du Fier* genau das Richtige für Sie! Auch Kinder und ältere Personen, die trotzdem noch agil sind, können sich in den Bann dieses einzigartigen Naturschauspiels ziehen lassen. Dabei überqueren Sie auf einer Länge von 252 Metern einen Steg, welcher zwischen mehreren Gebirgsengen 25 Meter über dem Fluss *Fier* entlangführt und schon seit 1869 für die Öffentlichkeit zugänglich ist! Die *Gorges du Fier* befinden sich nur etwa 10 Kilometer von Annecy und können mit dem Auto oder mit dem Bus erreicht werden. Von Annecy aus können Sie mit der Buslinie 1 bis Poisy fahren und anschließend in die Buslinie 12 Richtung Lovagny einsteigen. Von Lovagny aus müssen Sie allerdings noch circa zwei Kilometer Fußmarsch absolvieren, bevor Sie am Ziel ankommen.

Grundsätzlich können Sie einen Ausflug zu diesem Naturspektakel an jedem Tag vom 15. März bis zum 15. Oktober planen. Die Öffnungszeiten variieren hierbei zwischen 9:30 Uhr und 18:15 Uhr beziehungsweise 19:15 Uhr. Die Eintrittspreise sind mit 5,80 € für ein Erwachsenenticket ab 16 Jahren durchaus moderat, Kinder bis zu sieben Jahren können die *Gorges du Fier* sogar kostenlos besichtigen! Doch Achtung: Es wird darauf hingewiesen, dass insbesondere jüngere Kinder stets von ihren Eltern beaufsichtigt beziehungsweise an die Hand genommen werden sollen. Für die Besichtigung sollten Sie ein bis zwei Stunden einplanen. Es wird angeraten, unbedingt darauf zu achten, dass man festes Schuhwerk trägt! Auch wenn die Wanderung als solche ohne große Anstrengung zu bewältigen ist, bewegen Sie sich trotz allem auf teils unebenen Untergründen.

Es wird zudem oft gefragt, ob die Möglichkeit besteht, im Fluss zu baden und sich zu erfrischen. Leider ist dies untersagt, so reizvoll Ihnen diese Idee auch erscheinen mag. Der Fluss *Fier* hat sowohl im Sommer als auch im Winter eine starke Strömung und ist an manchen Stellen sehr tief, weswegen aus Gründen der Sicherheit das Baden im Fluss an jeder Stelle untersagt ist. Sobald Sie auf dem 25 Meter hohen Wanderweg zwischen den massiven Gebirgsfelsen unterwegs sind, werden Sie merken, mit welch einer Kraft der strömende Fluss unter Ihnen vorbeirauscht.

Eine Wanderung zwischen den Gebirgsfelsen der *Gorges* ist unanfechtbar ein Highlight und ein Muss für jeden, der nach Annecy kommt. Sie werden die Macht und die Kraft der Natur hautnah erleben und ein Gespür dafür bekommen, wie furchteinflößend und gleichzeitig beeindruckend die Natur sein kann. Wenn Sie ganz genau hinschauen, können Sie in den Felsen sogar ganz natürlich durch Erosionen entstandene Formen und Muster erkennen, gar

Gesichter können mit einem geschulten Auge zutage treten. An verschiedenen Stellen der Felsen sind kleine Informationstafeln angebracht, die anzeigen, welchen Pegel das Wasser erreichen und wie hoch es steigen kann. Nachdem Sie das Ende des Steges erreicht haben, laufen Sie genau denselben Steg entlang wieder zurück. An sonnigen Tagen in der Hochsaison lohnt es sich daher, schon frühmorgens aufzubrechen, um am besten von dem Naturschauspiel profitieren zu können. Nach Verlassen des Steges betreten Sie die sogenannte *Clairière des Curieux*, eine Art Informationsbereich, welcher die Besucher über die geographische Lage der *Georges du Fier*, seine geologischen und geomorphologischen Besonderheiten und den Wasserzyklus des Flusses *Fier* informieren soll. Selbstverständlich kommen Sie am Ende auch an einem Souvenirshop und einer kleinen gemütlichen Bar vorbei, die Kaltgetränke, Biere, Weine und Eis anbietet.

Lassen Sie sich von dieser Perle Annecys verzaubern und planen Sie unbedingt einen Tag für solch ein Naturwunder ein! Insbesondere für die Kleinsten ist dieser Ausflug nicht nur absolut aufregend und actionreich, sondern zusätzlich auch noch informativ.

Der Carnaval Venitien

Wer sich dafür entscheidet, im späten Winter nach Annecy zu reisen, der wird in den Genuss des alljährlichen Spektakels des Karnevals kommen. All denjenigen, die zumindest eine Ahnung davon haben was Karneval oder Fasching ist, sei vorab gesagt: Der Karneval in Annecy hat nichts, aber auch rein gar nichts mit dem zu tun, was wir unter Karneval verstehen. Hierzulande feiern wir fast eine Woche lang ab Altweiber bis Aschermittwoch den Karneval mit bunten

Kostümen und singenden Menschenmassen, die sehnsuchtsvoll darauf hoffen, etwas Kamelle oder andere Kleinigkeiten, die von den Wagen geworden werden, zu ergattern. In Annecy hingegen bieten einzig die Kostüme eine Parallele, die man zu unserem Karneval ziehen kann. Doch selbst in dieser Hinsicht können wir eigentlich nicht mit den Karnevalisten in Annecy mithalten. Die Kostüme erinnern an den richtigen Karneval in Venedig, sie sind aufwendig dekoriert und mit mühevoll und in Liebe ausgewählten Accessoires versehen.

Es ist außerdem quasi unmöglich, zu erkennen, wer sich hinter der jeweiligen Maske verbirgt. Der *Carnaval Venitien*, welcher meistens am letzten Wochenende im Februar stattfindet, ist ein Spektakel, das nicht nur die Einheimischen anzieht, sondern vor allem auch für die Touristen ein ganz besonderes Erlebnis ist. In der ganzen Stadt verteilt, sei es am *Pâquier*, in den *Jardins de l'Europe* sowie in der Altstadt posieren die kostümierten Menschen, um sich in voller Pracht vor den schönsten Kulissen Annecys für Fotos zur Verfügung zu stellen. Man könnte fast meinen, es sei eine Art Obsession, sich in seinen schönsten Kostümen in den Mittelpunkt der

Aufmerksamkeit zu stellen. Doch genau das ist es, was die Menschen wollen. Am letzten Tag des Spektakels präsentieren sich alle „Hauptdarsteller" noch einmal vor den *Jardins de l´Europe* auf einem langen Laufsteg, ganz ohne jegliche Art von Kamelle auf die Zuschauer niederzuwerfen. Man könnte fast behaupten: Der Karneval in Annecy sei ein Fest mit Kultur, für die Kultur und über die Kultur.

Der Karneval in Annecy ist ein absolutes Muss, welches Sie auf jeden Fall zumindest einmal miterlebt haben müssen. Beim Schlendern durch die Gassen der Altstadt Annecys fühlt man sich ohnehin schon wie in ein anderes Zeitalter versetzt, die über 500 verkleideten und maskierten Karnevalisten verstärken dieses Gefühl noch um ein Vielfaches. Zunächst werden Sie tatsächlich verwundert sein, dass das Ganze ohne Musik und fast schon in gespenstischer Stille abläuft, aber nach kurzer Zeit werden Sie begeistert sein von der französischen beziehungsweise savoyischen Variante des Karnevals, welche vor allem bei gutem Wetter neben den Einheimischen auch etliche Touristen in die Stadt und rund um den *Lac d´Annecy* lockt.

Mentales Gleichgewicht in Annecy

Bei den Worten des mentalen Gleichgewichts denken Sie bestimmt sofort an Wellness, Entspannungsbäder, Saunen oder auch wohltuende Massagen. Ganz unrecht haben Sie damit natürlich nicht. Auch in Annecy haben Sie zahlreiche Möglichkeiten, sich gänzlich verwöhnen zu lassen, wie zum Beispiel im *Cristal Spa* (http://www.cristalspa.fr/fr/cristal-spa-annecy-

1182), welches sich im Hôtel Impérial Palace befindet. Hier können Sie exklusive Massagen oder ein Bad im Wellnessbereich auf 600 Quadratmetern genießen und sich so richtig entspannen.

Doch was wir eigentlich mit mentalem Gleichgewicht meinen, ist etwas ganz anderes. Wie schon mit unseren einleitenden Worten deutlich geworden ist, dient dieses Buch nicht nur als Reiseführer für Ihre nächste Frankreich-Reise, sondern auch als eine Art persönlicher Mental-Coach. Wir möchten, dass Sie Annecy selbstverständlich von seinen schönsten Seiten kennenlernen und wichtige touristische Hotspots nicht verpassen. Gleichzeitig ist es uns aber im Laufe der Zeit auch ein Anliegen geworden, dass wir diese wundervolle idyllische Stadt aus einer ganz anderen Perspektive betrachten und ihr viel mehr zuschreiben, als schlichtweg das Venedig der Alpen zu sein. Wir alle kennen den alltäglichen Trubel, der uns jederzeit in unserem Leben begleitet, ohne dass wir ihm so richtig entfliehen können. Die meisten von uns leben in Städten, die durch viel Verkehr belastet sind, was gleichzeitig ein Ausdruck von Hektik, Zeit- und Leistungsdruck ist. Viele äußern den Wunsch, einfach mal ans andere Ende der Welt oder auf eine einsame Insel irgendwo im Indischen Ozean reisen zu wollen, um wieder zu sich selbst zu finden und dem alltäglichen Leben zu entfliehen. Aber braucht es wirklich die Flucht ans andere Ende der Welt? Wir finden, dass sich ein Blick nach Annecy lohnt. Die Stadt liegt nicht am anderen Ende der Welt, auch liegt sie nicht im Indischen Ozean, ebenfalls ist sie den europäischen Witterungsverhältnissen ausgeliefert, aber sie hat etwas, was sie zum Multitasking-Talent unter den europäischen Städten werden lässt.

Jung trifft Alt, traditionell trifft modern, Natur trifft Stadt. Betritt man die Spazierwege des *Pâquier* oder auch die Altstadt von Annecy, kommt es einem vor, als könnte man die Zeit selbst bestimmen, als würde sie nicht verfliegen. Diesen Zauber des Stillstehens der Zeit müssen Sie selbst erlebt haben, um ihn begreifen zu können. Auch wenn insbesondere der Sommer viele Touristen anlockt, lohnt es sich dennoch, in den Wintermonaten von Oktober bis April nach Annecy zu reisen. Sie treffen auf nur wenige Touristen und die Wanderwege gehören nahezu ganz Ihnen. Die malerischen Gebäude in der Altstadt sorgen ihrerseits dafür, dass Sie in ein anderes

Zeitalter versetzt werden. Der Facettenreichtum Annecys ist nur schwer greifbar, wenn man ihn nicht selbst einmal erlebt hat. In Annecy können Sie Ihrem Alltag entfliehen, sei es für wenige Tage, eine Woche oder auch für mehrere Wochen. Kein Tag ist wie der andere und Sie werden fast täglich neue Dinge entdecken, ob nun bewusst geplant oder auch einfach unbewusst. Nach Ihrem Urlaub in dieser südostfranzösischen Stadt werden Sie garantiert merken, dass Sie neue Energie geschöpft haben und mit einem Koffer zahlreicher unvergesslicher Erlebnisse wieder die Heimreise antreten.

Zugegeben, es ist nicht einfach zu erläutern, wieso genau Annecy uns wieder in ein mentales Gleichgewicht bringen kann. Dennoch möchten wir unsere Leser dazu anregen, sich selbst von dem Zauber der Stadt zu überzeugen und insbesondere die wundervolle Natur rund um den See in vollen Zügen zu genießen. In dem Kontext lässt sich abschließend eigentlich nur sagen: Die Mischung macht´s! Man könnte fast behaupten, dass in Annecy alles wohl dosiert ist. Es ist die perfekte Textur aus malerischer Altstadt, einzigartiger Natur und actionreichen Aktivitäten, die uns überzeugt hat, diese Erfahrungen mit unseren Lesern zu teilen.

Anreise in die französische Stadt

Wie bereits in einem der vorangegangenen Kapitel deutlich geworden ist, ist die direkte Anreise nach Annecy entweder nur über Paris-Orly möglich oder am besten über die Flughäfen Lyon und Genf. Nach Genf kommen Sie ganz einfach mit dem Flugzeug aus Düsseldorf, Frankfurt am Main, Berlin oder München. Es gibt ebenfalls die Möglichkeit, nach Lyon von Düsseldorf, Nürnberg, München, Frankfurt am Main, Stuttgart oder Berlin-Schönefeld zu reisen. Das viel

Wichtigere hierbei ist, die anschließende Weiterreise nach Annecy. Sowohl von Lyon als auch von Genf aus fährt ein Flixbus nach Annecy, die Reisedauer beträgt hierbei von Lyon aus zwei Stunden und von Genf aus eine Stunde. Dies ist eine günstige, aber auch umständlichere Alternative zu beispielsweise Taxen oder Privattransfers. So müssen Sie bei einem privat gebuchten Transfer mit 100 € bis 300 € in eine Richtung rechnen. Sind Sie aber flexibler und bereit, kurz vor Ihrer Anreise erst einen Transfer zu organisieren, so können Sie bei der mittlerweile international bekannten französischen Mitfahrzentrale BlaBlaCar (https://www.blablacar.de/) einen Transfer erfragen und haben so die Möglichkeit, kostengünstig nach Annecy zu kommen.

In Anbetracht der Tatsache, dass Annecy rund um seinen See die perfekten Campingmöglichkeiten bietet, lohnt es sich insbesondere für Campingfans, eine Anreise mit dem Campingwagen in Erwägung zu ziehen. Falls Sie im Süden Deutschlands leben, sind es meist nur 400 bis 600 Kilometer, die man zurücklegen muss, aus dem nordrhein-westfälischen Düsseldorf sind es 820 Kilometer. Doch der Aufwand lohnt sich ungemein, Sie werden bei Ihrer Ankunft an einem der dutzenden Campingplätze rund um den See mit einem einzigartigen Urlaubsziel belohnt, für das sich die vielen Kilometer definitiv gelohnt haben. Doch Achtung! In Frankreich und bei der Durchfahrt durch die Schweiz fallen Mautgebühren an, überprüfen Sie daher rechtzeitig, ob Sie eine Vignette benötigen, um problemlos an Ihrem Ziel anzukommen.

Erfahrungsgemäß bleibt aber die Anreise per Flugzeug nach Genf die angenehmste. Eine Anreise per Zug ist grundsätzlich nicht möglich. Auch die Flugdauer beträgt je nach Startflughafen meistens ein bis eineinhalb Stunden und ist daher die zeitsparendste Möglichkeit, um nach Annecy zu kommen. Dadurch, dass die Flugstrecke nach Genf meistens allerdings nicht so gefragt ist, gibt es nur begrenzte Flüge an bestimmten Tagen und die Preise können ebenfalls stark variieren. Versuchen Sie also, möglichst früh nach passenden Flügen zu suchen, um so die günstigsten Flüge zu ergattern. Menschen mit Flugangst sollten allerdings darauf vorbereitet sein: Bei den Maschinen handelt es sich oft um verhältnismäßig kleine Propellermaschinen, die selbst-

verständlich nicht mit den großen Fliegern vergli-
chen werden können. Doch auch das ist überhaupt
kein Problem, nach einer Stunde haben Sie nämlich
wieder festen Boden unter den Füßen und können
endlich so richtig Ihren Urlaub beginnen.

Für diejenigen, die gerne nach ihrer Ankunft am
Flughafen ein Taxi in Anspruch nehmen möchten,
stehen selbstverständlich Taxen vor der Ankunfts-
halle zur Verfügung. Allerdings kosten diese circa
100 € in eine Richtung, was als Alleinreisende oder
Alleinreisender nicht unbedingt günstig ist. Vor allem aber für Familien mit mehreren Kindern lohnt
sich diese Alternative dennoch, um komfortabel und
schnell am Zielort anzukommen. Für alle anderen ist
der Flixbus oder BlaBlaCar eine günstige und zuver-
lässige Variante, in den Stadtkern Annecys zu gelan-
gen. Und last, but not least können Sie sich natürlich
auch einen Wagen mieten, mit dem Sie, abgesehen
vom Weg in die Stadt und wieder zurück zum Flughafen, auch alle möglichen Ausflüge unternehmen
können, wie zum Beispiel nach Grenoble, Lyon oder
auch ganz einfach zu weiter weg gelegenen Skipisten. Am Flughafen von Genf sowie am Flughafen von
Lyon haben Sie die Möglichkeit, einen Wagen bei den

typischen Autovermietungen wie Sixt oder Avis zu mieten. Die Preise sind hierbei sehr individuell und können daher nicht genau angegeben werden, am besten informieren Sie sich vor Reiseantritt telefonisch oder per Mail über aktuelle Angebote.

En faveur de la ville Annecy

Natürlich möchten wir an dieser Stelle all denjenigen, die der französischen Sprache nicht mächtig sind, den wahren Wortlaut dieses letztens Kapitels nicht vorenthalten. Abschließend halten wir übersetzt ein Schlussplädoyer für die Stadt Annecy, das ganz im Sinne der Bekanntmachung ihrer Schönheit ist und alle Vorteile einer Reise innerhalb unseres Nachbarlandes noch einmal ganz klar aufzeigen soll. Oftmals reicht es ganz einfach, sich nur nach links und nach rechts, Richtung

Süden und Richtung Norden umzuschauen, um wunderschöne neue Urlaubsorte und eine paradiesische Natur für sich zu entdecken.

Natürlich ist eines klar: Den kilometerlangen weißen Sandstrand, wie Sie ihn auf den kanarischen oder griechischen Inseln vorfinden, werden Sie in Annecy nicht zu sehen bekommen. Aber dafür wird Ihnen einiges mehr geboten als nur das bloße Sonnentanken am Strand. Es sei Ihnen gesagt, dass Annecy von einer unglaublichen Dynamik profitiert, die sich darin widerspiegelt, dass Sie gleichzeitig ein breites Angebot an Kultur, Entspannung und Geschichte auf der einen Seite und Spaß, Sport und Action auf der anderen Seite geboten bekommen. Es gibt wohl keine Stadt, in der man gleichzeitig Wassersport betreiben kann und in der nächsten Stunde auf dem Gipfel eines Berges steht und die Skipisten hinabfährt. Obwohl Annecy keine Megastadt ist und mit seinen ungefähr 130.000 Einwohnern recht überschaubar wirkt, hat es sich längst herumgesprochen, dass Annecy ein einzigartiger Rohdiamant ist, der sich stets wachsender Beliebtheit erfreut. Das Spannende an Annecy ist, dass man alle Aktivitäten, unabhängig davon in welchem Bereich sie angeboten werden, in einem Radius von maximal 20 Kilometern findet und somit ein maximales Erlebnis in einem minimalen Zeitraum stattfinden kann. Selbstverständlich bleibt es jedem von Ihnen am Ende selbst überlassen, ob Sie sich von der Schönheit des Südostens Frankreich überzeugen lassen. Wir haben es uns lediglich zur Aufgabe gemacht, mithilfe dieses Buches unsere Leser dafür zu sensibilisieren, dass es sich auch lohnt, einen Blick in unsere Nachbarländer zu werfen und einen Alternativurlaub in Erwägung zu ziehen. Denn auch ein Campingurlaub, fernab von etwaigen Sterne-Standards, am Seeufer des saubersten Sees Europas, kann eine ganz neue Erfahrung sein, die Ihnen stets in Erinnerung bleiben wird und vielleicht sogar dafür sorgt, dass Sie sich in das Venedig der Alpen verlieben.

Und falls Sie doch eher auf Sightseeing stehen, bietet Annecy zahlreiche Ausflugsmöglichkeiten, was hoffentlich dank unseres Reiseführers deutlich geworden ist. Denn auch die geographische Lage Annecys ist ideal, um andere große französische Städte kennenzulernen und das *savoir-vivre* aus einer ganz anderen und neuen Perspektive zu betrachten. Während Paris wohl immer noch die beliebteste Stadt

Frankreichs bleibt, plädieren wir stark dafür, auch andere Städte in den Fokus zu nehmen, um so die Vielfalt unseres Nachbarlandes, welches wesentlich mehr als den Eiffelturm, Baguettes und Käse zu bieten hat, zu erkunden.

Annecy ist zwar nicht DIE Stadt der Liebe. Annecy ist auch nicht DIE Stadt der Mode. Annecy ist ebenfalls nicht DIE Stadt der Studierenden oder DER Wirtschaftsstandort Nummer eins. Was Annecy schlussendlich so besonders macht, sind die verschiedenen Facetten, die die Stadt Ihnen bietet. Sie kommen vollends auf Ihre Kosten, sei es als Single, als Paar, als Familie oder einfach als Alleinreisende oder Alleinreisender. Eines ist sicher: Wer einmal in Annecy war, der wird es wieder und wieder tun.

Packliste

Geld & Finanzen

O (evtl.) Auslandswährung

O Bargeld

O Bauchtasche

O Brustbeutel

O Bauchtasche

O EC-Karte

O Kreditkarte

O Notfall-Telefonnummern der Banken

O Portmonee

Hygiene

O Haarbürste / Kamm

O Deo (klein)

O Shampoo

O Kulturtasche

O Sonnencreme

O Taschentücher

O Reise-Zahnbürste und Zahnpasta
O Verhütungsmittel

Kleidung

O Badeklamotten
O Gürtel
O Hosen kurz / lang
O Mütze / Cap / Hut
O Pullover
O Regenjacke
O Schlafanzug
O Socken
O Sonnenbrille
O Sportklamotten / Jogginghose
O T-Shirts
O Unterwäsche

Medikamente

O Blasenpflaster
O Anti-Durchfalltabletten
O Erste-Hilfe-Set

O Fiebertabletten

O Fiebertabletten

O Mückenschutz

O sonstige Medikamente

O Pflaster

O Kopfschmerztabletten

Unterlagen & Papiere

O ADAC Unterlagen

O Adresslisten für Postkarten

O Krankversicherungsnachweis

O Stadtplan

O Führerschein

O Unterlagen für die Unterkunft

O Wasserdichte Hülle für Reiseunterlagen

O Impfausweis

O Mietwagenunterlagen

O Personalausweis

O Reisepass

O Reisetagebuch

O evtl. Studentenausweis

O evtl. Visum
O Zug- / Bahn- / Flugticket

Taschen & Rucksäcke

O Koffer / Trolley / Reisetasche
O Regenhülle für Rucksack
O Rucksack

Schuhe

O Badeschlappen / Hausschuhe
O Schuhe und Wechselschuhe

Sonstiges

O Brille / Kontaktlinsen und Etui
O Buch zum Lesen
O Ohrenstöpsel und Schlafmaske
O Regenschirm
O Reisedecke
O Wasserflasche
O Wörterbuch

Elektronik

O Digitalkamera

O Handy

O Ladekabel

O Kopfhörer

O evtl. Steckdosenadapter

O Power-Bank

Herstellung und Verlag:
BoD – Books on Demand, Norderstedt
ISBN: 9783751922227